SÚPER CHISTES 2

AF277634

Papel certificado por el Forest Stewardship Council®

Primera edición con esta encuadernación: mayo de 2024

© 2013, Pau Clua
© 2013, Penguin Random House Grupo Editorial, S.A.U.
Travessera de Gràcia 47-49. 08021 Barcelona
© 2013, Álex López, por las ilustraciones
Diseño y maquetación: Elisenda Nogué, para Bonalletra Alcompàs
Corrección: Sergio Herrero
Diseño de la cubierta: Penguin Random House Grupo Editorial / Judith Sendra

Printed in Spain – Impreso en España

ISBN: 978-84-10298-79-8
Depósito legal: B-8.003-2024

Impreso en Liber Digital, S. L.
Casarrubuelos (Madrid)

GT98798

SÚPER CHISTES 2

Los chistes más divertidos
sobre los mejores días
del año: ¡LAS VACACIONES!

montena

Un niño llega a una granja y ve que el granjero está enseñando a sus cerdos a robar. Extrañado, el niño le pregunta:

—Oiga, ¿por qué enseña a sus cerdos a robar?

Y el granjero contesta:

—¿Por qué va a ser? Por que así saldrán buenos chorizos.

Un padre está cortando leña delante de su casita de madera en la montaña y le pregunta a su hijo:
—Hijo, ¿sabes cómo estornuda un leñador?
—No. Ni idea —dice el hijo.
Y el padre contesta, gritando:
—¡Ahaaachaaa!

De noche, en una tienda de campaña, la mujer despierta al marido:
—¡Pepe! ¡Pepe! ¡Despierta, rápido!
—¿Qué pasa? —se despierta Pepe, asustado.
—¡Que se te ha olvidado tomar las pastillas para dormir!

Dos viejecitos están sentados en la plaza de un pequeño pueblo de montaña y uno le dice al otro:
—Me ha empezado a doler la pierna derecha.
—Eso es de la edad —le contesta el amigo.
—No lo creo. La izquierda tiene los mismos años y no me duele.

En el bosque, un ciempiés llama a la puerta de otro ciempiés y le dice:
—¡Abre, abre rápido, que un pájaro quiere comerme!
Y el otro ciempiés le contesta:
—Vale, me pongo los zapatos y te abro.

Un matrimonio ha ido de acampada al bosque. Un rato después de quedarse dormidos, la mujer despierta al marido y le dice:

—Cariño, si miras al cielo, ¿qué ves?

—Muchas cosas —contesta el marido—. La Osa Mayor, la Menor, Casiopea, la luz de un avión que parpadea...

—¡Ya! —interrumpe la mujer, enfadada—. ¡Y que nos han robado la tienda de campaña!

Dos amigas están en el campo mirando las vacas y una le pregunta a la otra:
—¿Por qué las vacas no pueden comer cristales?
Y la amiga responde:
—Porque se les corta la leche.

Dos niñas están en el campo observando una cucaracha y una le pregunta a la otra:
—¿Tú sabes por qué las cucarachas son pequeñas y negras?
—Claro —contesta la amiga—. Porque si fueran grandes y grises serían elefantes.

Dos hermanos están paseando a su perro por la ladera de una montaña y el hermano mayor le pregunta al menor:
—¿Sabes cuántos pasos da un perro en su vida?
—Déjame pensarlo —contesta el hermano—. Ya lo tengo: los mismos que en *ba-jada*.

Después de cenar, dos niñas están tomando un helado en el porche de su casa mientras miran las estrellas, y una le pregunta a la otra:
—¿Sabes cuál es el colmo de un astronauta?
—No —contesta la amiga.
—Tener problemas de espacio.

Una familia está preparándose para hacer una excursión por la montaña cuando el hijo le dice a la madre:

—Mamá, no puedo ir con vosotros de excursión.

La madre pregunta:

—Y eso, ¿por qué?

Y el niño le dice:

—Porque tengo un problema de visión.

—¿Qué te ocurre? —pregunta la madre.

A lo que el hijo contesta:

—Que no me veo yendo de excursión.

—No entiendo por qué abandonan una comida tan buena

El primer día de vacaciones en la montaña, una madre le pregunta a su hija:
—¿Ya te has resfriado?
Y la hija, más terca que una mula, contesta:
—Do.

En el jardín de su casa, un niño va corriendo hacia su madre con una pequeña tortuga en sus manos y le dice:
—¡Mamá! ¡Mamá! Ese señor ha matado a mi tortuga.
Y el señor contesta:
—Perdona, no lo he podido evitar. Soy Mario Bros.

La pequeña Clara está tapando un agujero en el jardín de su casa cuando aparece un vecino y le pregunta:

—Clarita ¿qué estás haciendo?

Clara, sin levantar la vista, responde:

—Es que mi pececito se ha muerto y lo he enterrado.

—Pero Clarita —continúa el vecino—, ¿no es un agujero demasiado grande para un pez tan pequeño?

Y Clara, levantando la vista, muy seria, le responde:

—Es que mi pececito estaba en la barriga de tu gatito.

Un padre y su hija pasean por una granja y se encuentran al granjero con un caballo.

-Buenos días -dice el granjero-. Si quieren, les vendo el caballo.

Y la niña contesta:

-¿Y para qué queremos un caballo vendado?

Una niña está aburrida, sentada delante de su tienda en el *camping*. Una amiga la ve allí y le pregunta:
—¿No te lo pasas bien aquí?
—No. Yo tenía ganas de ir a Nueva York, como el año pasado.
—¡Hala! ¿El año pasado fuiste a Nueva York? —pregunta la amiga.
Y la niña responde:
—No, pero también tenía ganas.

Una madre abre una ventana de la casa de la montaña para despertar a su hija y le dice:

—¡Levántate!, que el día está muy fresco.

Y la hija responde:

—Claro que está fresco, mamá. Es de hoy.

Dos amigos pasean por el campo y uno le pregunta al otro:

—¿Sabes cuál es el mes favorito de las vacas?

—No —contesta el amigo—. ¿Cuál?

—El de las *vaca–ciones*.

Pablito, o te ha salido cola, o ya puedes empezar a correr.

Dos niños están en una granja mirando a unos cerditos, pero hay uno que tiene una mancha larga justo encima del lomo y está muy quieto. Uno de los niños le lanza una moneda al cerdito y su amigo le pregunta:
—Pero, ¿qué haces?
—Poner dinero en la hucha.

Dos hermanos están cuidando las flores del jardín de su casa de campo y uno le pregunta al otro:
—¿Sabes cuál es el colmo de un jardinero?
—No, ni idea.
—Que su hija se llame Rosa y la dejen plantada.

Un niño entra corriendo en la granja y le dice a su tío:
—Tío, tío, ¡tu hijo es supergafe!
—¿Y por qué dices eso?
—¡Porque se ha sentado en el pajar y se ha clavado una aguja!

Dos niños están mirando el gallo y las gallinas de un corral y uno le pregunta al otro:

—¿Sabes por qué las gallinas cantan con los ojos cerrados?

—No —contesta el amigo—. ¿Por qué?

—Porque se saben la letra de memoria.

Una niña en bañador y toalla llama a la puerta de la casa de su amiga. Abre el padre y le dice:
—Vengo a buscar a María.
Y el padre pregunta:
—Muy bien, pero ¿ya se lo has preguntado a su madre?
Y la niña contesta:
—Su madre es simpática, pero prefiero jugar con María.

Un niño pasa las vacaciones con sus tíos en la granja, y para ayudarles se ofrece para dar de comer a las mascotas cada día. Una mañana su tía le dice:
—Pablito, los gatos no se aguantan de pie. ¿Qué les has dado de comer?
Y Pablito responde:
—Lo que me dijiste, tía. Whisky.
—¡Te dije *Whiskas*, no whisky! —grita la tía, mirando al gato con pena.

En la piscina del *camping* de montaña, el último día de vacaciones, el hermano pequeño está triste y su hermano mayor le pregunta:

—¿Por qué estás triste?

—Porque mañana empieza el cole y mamá me ha dicho que tendré que ir hasta los 16 años.

—Eso no es nada —le dice el hermano—, piensa que la maestra tendrá que ir hasta los 65.

Dentro de su cabaña un niño ve por la ventana que está diluviando y le dice a su madre, que está distraída leyendo un libro:

—¡Mamá, mamá, afuera está lloviendo!

Y, sin dejar de leer, la madre contesta:

—Pues no seas maleducado y dile que pase.

Un padre está sentado en el sofá con su hijo, que está jugando con la *play*, y le dice:
—Cuando yo tenía tu edad no existían ni los ordenadores, ni las consolas, ni los móviles, ni los canales de dibujos, ni…
El niño le interrumpe y, con cara de pena, le dice:
—No sigas papá, que me vas a hacer llorar.

Paseando por el bosque, un niño le dice a su amigo:
—El otro día tomé el camino de la montaña y me encontré cara a cara con un jabalí. Empecé a correr como un loco y él me persiguió. Justo cuando estaba a punto de alcanzarme, se paró de golpe y pude subirme a un árbol.
—Vaya —contesta el amigo—. Esto me pasa a mí y me cago de miedo.
Y el niño contesta:
—¿Y por qué te piensas que se paró el jabalí?

Dos campesinos compran cincuenta cerdos y uno le dice al otro:

—¿Dónde los metemos?

—Dentro de casa —responde el otro.

—¿Y el olor?

—Bueno, ya se acostumbrarán, ¿no?

En una granja, una niña le enseña los patos y sus cinco crías a su amiga y le cuenta:
-Les hemos puesto nombres a todos los pollitos:
Pata, Peta, Pita, Pota y... María del Rosario.

De vacaciones en el campo, un niño se acerca a un granjero que está triste delante de una de sus vacas y le pregunta:
—¿Por qué está triste?
Y el granjero le responde:
—Porque me he gastado una fortuna en esta vaca y resulta que no le gustan los toros.
El niño, después de pensar un poquito, le dice:
—¿Y por qué no prueba con el fútbol, el teatro o el cine?

Una niña está columpiándose en un árbol y su madre le grita desde el interior de la casa:

—¡Clara, tu abuela está en el teléfono!

Y Clara responde:

—¡Pues sácala, que debe de estar muy incómoda!

Carlitos pasea con su padre por un campo de naranjos y le pregunta:

—Papá, ¿por qué en este campo plantan los naranjos de tres en tres?

Y el padre responde:

—Para tener *Trinaranjus*.

Un niño y una niña están pescando en la orilla de un lago y el niño le dice a la niña:

—¡Mira, una mosquito!

—Querrás decir un mosquito —le corrige la niña.

Y el niño le dice:

—¡Huala, qué vista tienes!

Un niño llega corriendo a su casita de campo y grita:

—¡Mamá, mamá, me ha mordido un perro en el brazo!

—¿Y ya lo has desinfectado? —pregunta la madre, preocupada.

A lo que el hijo contesta:

—No, se me ha escapado.

En la cima de una montaña, padre e hijo contemplan el paisaje y el niño le pregunta al padre:

–¿Cómo se llama esa montaña?

–¿Cuál? –responde el padre.

–¿Y esa otra?

Una niña está paseando su chihuahua por el *camping* y su amiga le pregunta:
—¿Y por qué dices que vuestro perro es un perro de caza?
—Porque siempre que puede se escapa y tenemos que ir a cazarlo.

Tres hermanos van de vacaciones al pueblo de sus abuelos y, cuando llegan, su abuelo les pregunta:
—¿Cómo ha ido este año la escuela?
El nieto mayor contesta:
—Yo he sido el primero en matemáticas.
El mediano contesta:
—Yo he sido el primero en geografía.
Y el hermano pequeño contesta:
—Yo he sido el primero en salir de la escuela.

Mientras caminan por la montaña, un niño le pregunta a su hermana:

—¿Qué es blanco y nos haría mucho daño si se cayera de un árbol?

—No sé —responde la hermana.

—¡Una nevera!

![Viñeta: dos ratones sobre una ratonera miran la luna. Uno dice: "¿Estás seguro de que la luna es un queso gigante?"]

Dos niños van en septiembre a visitar a su familia del pueblo, y que están trabajando en la vendimia. El tío de los niños les dice:

—¿Sabéis qué le dice una uva verde a una morada?

—No, ¿qué le dice? —responden los chicos.

—¡¡¡Respira!!!

Una niña pasea por la montaña, llega a una granja y ve que un campesino mete a unos cuantos potros dentro de un armario:

—¿Por qué hace eso? —le pregunta la niña.

Y el campesino le responde:

—Para tener armarios empotrados.

Juan y Pepe van de excursión por una montaña llena de basura y desechos, y Juan comenta:

—¡Qué lástima que haya gente tan marrana y desconsiderada! ¿Cuál debe de ser la montaña más limpia?

Y Pepe responde:

—El volcán, porque echa ceniza y después la lava.

Una madre tira del brazo de su hija porque un oso está a punto de atacarlas. La niña, que no se mueve, le dice a su madre:
—Mamá, no hace falta correr. Él no lo sabe, pero somos nosotros los que estamos arriba en la cadena alimenticia.

Un guardia forestal sorprende a un pescador furtivo y se dispone a multarlo:
—Son 50 euros de multa.
—Pero oiga —contesta el pescador—, no estoy pescando. Estoy enseñando a nadar a mis gusanos.
Y el guarda, mirando a los gusanos, le contesta:
—Igualmente son 50 euros de multa. Esta zona no es nudista y los gusanos no llevan bañador.

Una familia llega a su casa de la montaña, pero para poder entrar tienen que desconectar la alarma. El hijo intenta poner la clave, pero la alarma no se desactiva y todo el rato sale el mismo mensaje: «Su clave es incorrecta». Después de unos cuantos intentos, le dice a su padre:

—No lo entiendo papá, he escrito «incorrecta» muchas veces y no se abre.

Un padre está en el jardín de su casa de campo haciendo una barbacoa con su hijo y le dice:

—Carlitos, entra en la cocina y tráeme sal, por favor.

—No puedo —contesta el niño.

—¿Y por qué no? —pregunta el padre.

Y el hijo contesta:

—Porque al entrar en la cocina, lo primero que veo siempre es un bote con una etiqueta grande donde pone «sal».

Dos amigos caminan por un bosque y uno de ellos de pronto se pone una zanahoria en cada oreja. El amigo le mira sorprendido y le pregunta:

—Oye, ¿por qué llevas zanahorias en las orejas?

—Para ahuyentar a los osos —contesta.

—¡Pero si aquí no hay osos!

Y su amigo le contesta, orgulloso:

—¿Lo ves como funciona…?

Ya sé que el coche es nuevo, pero, ¿no te estás pasando?

En lo alto de una montaña, un excursionista de la ciudad se encuentra a un pastor cuidando ovejas, y le pregunta:

—¿Le dan mucho trabajo las ovejas?

Y el pastor le contesta:

—¿Cuáles? ¿Las blancas o las negras?

—Las negras, por ejemplo.

—Sí, sí que dan trabajo las negras —contesta el pastor.

—¿Y las blancas?

—También.

El hombre, extrañado, pregunta de nuevo:

—Oiga, ¿y comen mucho las ovejas?

Y el pastor pregunta:

—¿Cuáles? ¿Las blancas o las negras?

—Pues las blancas.

—Sí, sí que comen bastante, las blancas.

—¿Y las negras?

—También.

—¿Y le dan mucha leche las ovejas? —insiste el hombre.

—¿Cuáles? ¿Las blancas o las negras?

—Pues las negras.

—Sí, sí que dan bastante leche, las negras.

—¿Y las blancas?

—También.

Al final, el hombre, enfadado, dice:

—¿Por qué siempre me pregunta si me refiero a las blancas o a las negras?

—Porque las negras son mías.

—¿Y las blancas?

—También.

35

En la playa, un niño le pregunta a su madre:

—Mamá, ¿se ve mejor con un ojo o con dos?

—Con dos, hijo. Con dos —contesta la madre.

Y el niño pregunta entonces:

—¿Y por qué María cierra un ojo cada vez que pasa un chico?

Dos niños están sentados frente al mar y uno le pregunta al otro:
-¿Cómo sacarías a Ironman del agua?
-No sé -contesta el amigo.
-¡Pues oxidado!
¿No ves que es el hombre de acero?

Dos niños pequeños están juntos haciendo castillos en la arena y uno le pregunta al otro:
—¿A ti se te escapa la caca?
Y el otro contesta:
—No. La mía se queda donde la hago.

Dos madres están mirando cómo se bañan sus hijas y una le dice a la otra:
—Estoy extrañada con mi hija. Desde que hemos empezado las vacaciones no ha parado de sonreír.
La amiga mira a la hija, vuelve a mirar a la madre y le dice:
—¿Y si probaras a aflojarle un poco las trenzas?

Dos niños están tumbados en la playa sin hacer nada, mientras otros niños disfrutan jugando a pelota y bañándose en el mar, cuando uno le dice al otro:
—¿Sabes qué?
—¿Qué?
—Mañana voy a levantarme mucho más temprano.
—¿Para qué?
—Para estar más horas sin hacer nada.

๑ ๑ ๑

![Comic strip with two people in a small boat taking on water. One says "¡Se está llenando de agua! ¡Se está llenando de agua!" The other replies "No te preocupes, queda mucha fuera. Aún podemos navegar."]

Dos amigos están mirando las olas del mar y uno le pregunta al otro:

—¿Sabes qué se pone Superman después de bañarse?

—No —contesta el amigo—. ¿Qué?

—Súper-fume.

De vacaciones en un pueblo costero, una niña ve que toda la playa está llena de escaleras y le pregunta a su madre:

—Mamá, ¿por qué han puesto escaleras a la orilla del mar?

Y la madre contesta:

—Para que suba y baje la marea.

Dos amigos están mirando cómo sale la gente del agua
y uno le pregunta al otro:
—¿Cómo sacarías a un elefante del mar?
Y el amigo contesta:
—Mojado, ¿no?

@ @ @

Una mujer y su hija están tomando el sol en una playa cercana al desierto, cuando de repente aparece un hombre sediento y sucio, arrastrándose, que le dice a la madre:
–Por favor, señora, llevo diez días sin comer.
–No se preocupe –contesta la madre–. Ya puede bañarse, que no se le cortará la digestión.

๑ ๑ ๑

Delante del mar, un niño con el bañador un poco pequeño le dice a su madre:
—Mamá, necesito un bañador nuevo.
Y la madre le contesta:
—¿Es que no puedes pensar en cosas más importantes?
A lo que el niño contesta:
—Claro, mamá. También necesito una bici nueva, una barca de pesca, una tele para mi cuarto y un juego nuevo para la *play*.

Pablito está triste, encerrado en su casa, cuando recibe una llamada de su amigo Miguel:

—Pablo, ¿te vienes a la playa?

—No puedo —dice Pablo—. Estoy castigado.

—¿Por qué?

—Porque esta mañana estaba mirando la tele y mi madre me ha preguntado qué estaba viendo.

—Bueno, ¿y qué le has dicho, que se ha enfadado tanto?

—Que estaba viendo la tele llena de polvo.

ⓐ ⓐ ⓐ

En la playa, una niña golpea el caparazón de una tortuga gigante y le dice a su amiga:
-Estoy segura de que está en casa.

❂ ❂ ❂

En un bar de playa, un turista llama al camarero y le dice:
—Camarero, camarero, ¡hay una mosca nadando en mi sopa!
—¿Y qué quiere que haga? —responde el camarero—. ¿Que llame a un socorrista?

❂ ❂ ❂

Un niño entra corriendo en su apartamento de vacaciones y le dice a su madre:
—Mamá, unos niños me han pegado en la playa.
—¿Y tú, hijo? —pregunta la madre—. ¿Te has vengado?
—Claro, ¡es que si no me vengo me siguen dando!

Dos niños están comiéndose un helado mientras contemplan el mar y uno le dice al otro:
—¿Sabes lo que hace un pato con una pata?
—No sé —contesta el otro.
—Caerse.

@ @ @

Dos niñas están en un bote hinchable, cerca de la playa, y una le pregunta a la otra:
—¿Sabes cuántas personas caben en una ballena?
—No —dice la amiga—. ¿Cuántas?
—Ninguna, porque *va llena*.

@ @ @

En la playa, una niña le dice a su padre:
- ¿Has visto, papá? Tu reloj es sumergible.
- Sí, ¿cómo lo sabías?
- No lo sabía, pero lo he tirado al mar y se ha hundido.

🌀 🌀 🌀

Pedro y Pablo caminan por la arena, ven un puesto de helados y Pedro dice:

—¿Me compras un helado?

—No —contesta Pablo—. Lo he dejado.

—¿El qué? —pregunta Pedro, sorprendido—. ¿Comer helados?

—No. Pagártelos.

Una niña camina con su perro por el paseo marítimo, y se encuentra a una amiga que le pregunta:
—¿Qué tipo de perro es?
—Un perro policía.
—¿Policía? —le dice la amiga—. Pues no lo parece.
Y la niña contesta:
—Ya, porque es de la secreta.

෧ ෧ ෧

Dos caracoles pasean por la playa, ven una babosa y uno le dice al otro:
—Vámonos. Nos hemos metido en una playa nudista.

෧ ෧ ෧

Dos bebés en la playa, uno que gatea y otro que ya ha aprendido a andar. El que ha aprendido a andar se levanta y le dice al otro:
—¡Desde aquí arriba hay unas vistas fantásticas!

෧ ෧ ෧

Delante del mar, un niño pequeño se encuentra con una niña pequeña y le pregunta:
—Y tú, ¿cómo te llamas?
—Jara —contesta la niña.
—Un nombre muy bonito, ¿verdad?
Y la niña contesta:
—Jí.

෧ ෧ ෧

Bajo el mar, unos pececitos le preguntan a su madre:
—Mamá, ¿podemos salir a nadar?
—Ahora no —responde la madre—, que está lloviendo.

Un niño llega a su casa después de bañarse en el mar y le dice a su padre:

—Acabo de ver un pez de veinte metros.

Y el padre le contesta:

—¡Te he dicho cuatrocientos cincuenta mil trescientos veintidós millones de veces que no seas tan exagerado!

🌀 🌀 🌀

Un día de mucho calor en la playa, una niña ve que su amiga está sudando y le dice:

—¿Qué, se suda, eh?

Y la otra, enfadada, le contesta:

—¡Y tú, cabezuda!

🌀 🌀 🌀

Delante de una tienda de helados de un pueblo
costero, un niño le pregunta a su amigo:

—¿Tienes 3 euros?

—Aquí no —contesta el amigo.

—¿Y en casa?

Y el amigo contesta:

—En casa todos bien, gracias.

Dos chicos están sentados en un banco del paseo y uno le pregunta al otro:

—¿Sabes ir en bici de dos ruedas?

—No, no «sepo» —contesta el amigo.

—No se dice no «sepo» —le corrige—. Se dice no «sabo». A su lado, una chica mayor que les está oyendo, les dice:

—Tampoco se dice no «sabo».

—¿Ah, no? —pregunta uno de los niños, indignado—. ¿Y cómo se dice, entonces?

—«No sé».

—Pues si no lo sabes —responde encendido—, ¿por qué te metes?

En la playa, un socorrista le pregunta a un bañista:
—Oiga, ¿usted no nada nada?
Y el bañista le contesta:
—No, es que no traje traje.

❂ ❂ ❂

Paseando por la playa un niño pequeño le dice a su amigo:
—Estoy muy contento. Ayer por la noche acabé un puzzle de veinticinco piezas que empecé hace solo dos meses.
—¡Pero si veinticinco piezas es muy poco! —comenta sorprendido el amigo.
—¡Pues en la caja ponía de dos a tres años!

Un niño pasea con su hermana mayor por la playa, ve que hay árboles muy cerca del agua y le pregunta:
—María, ¿por qué aquí plantan los olivos tan cerca del mar?
Y la hermana le contesta:
—Para que salgan aceitunas con sabor a anchoa.

🌀 🌀 🌀

Dos amigos están sentados en la orilla del mar, mojándose los pies y uno le pregunta al otro:
—¿Sabes lo que le dice una ola a la otra?
—No, ¿qué le dice?
—Hola, hola, hola, hola...

🌀 🌀 🌀

Dos niñas están buceando cuando ven a un pez luna nadando por debajo de ellas y una le dice a la otra:
—Debe de ser muy tarde, ya ha salido el pez luna.

En una batalla naval durante la época de los romanos, un soldado va corriendo al césar y le dice:
—¡César! ¡César! ¡Nos estamos quedando sin centuriones!
Y el césar, tranquilamente, le dice:
—Pues poneos los tirantes...

En la playa, un niño ve a un hombre con un tatuaje enorme en el pecho y le dice:

—¡Hala, qué tatuaje tan chulo!

—Sí, ¿verdad? —contesta el hombre—. Me lo tatué hace veinte años.

Y el niño le pregunta:

—¿Y no se va con el agua?

El hombre se lo piensa un poco y contesta:

—Ni idea.

🌀 🌀 🌀

Un turista va con traje de baño, gorra y sombrilla por el desierto y le pregunta a un tuareg:
—¿Perdone, está muy lejos el mar?
—A unos mil kilómetros, señor.
—Pues qué playa tan grande, ¿no?

〽 〽 〽

Pocos días antes de su cumpleaños, la mamá de Juanita le pregunta:
—Juanita, ¿qué quieres para tu cumpleaños?
—Un dinosaurio de verdad —dice Juanita.
—Mujer, un dinosaurio de verdad es imposible —dice la madre—. ¿Te apetece que te regalen alguna otra cosa?
Juanita se lo piensa y dice:
—Quiero ser muy, muy bella.
Y la madre contesta:
—¿Qué dinosaurio te gusta más?

En un cursillo de natación en la playa, la monitora pregunta a Carlitos:

—Carlitos, ¿sabes nadar?

—Sí, señorita —responde Carlitos.

—¿Y dónde aprendiste? —pregunta la monitora.

Y Carlitos responde:

—En el agua, señorita.

๑ ๑ ๑

—¿Sabes cuál es el colmo de una ballena?

—No.

—Ir vacía.

๑ ๑ ๑

❀ ❀ ❀

Un turista corre hacia el vigilante de la playa y le dice:
—¡Socorro! ¡Ayuda! ¡Mi mujer se ha muerto!
—¿De qué? —pregunta el socorrista.
—De repente.

❀ ❀ ❀

Dos novios caminan por la arena justo antes de la puesta de sol, cuando él le dice a ella:
—Te quiero como los patos.
—¿Como los patos? —pregunta ella—. ¿Y cómo quieren los patos?
Y el novio le contesta:
—*Patodalavida.*

En la cubierta de un yate están dos hermanos tomando el sol. Desde su camarote la madre les grita:
—Juan, ¿qué estás haciendo?
—Nada —contesta Juan.
—¿Y tu hermano? —vuelve a preguntar.
—¡Me ayuda!

🌀 🌀 🌀

Dos mosquitos están pescando en la playa, pasa un amigo y les pregunta:
—¿Qué, pican?
Y los mosquitos contestan:
—No, estamos de vacaciones.

🌀 🌀 🌀

Delante de la costa mediterránea, una madre y su hija se disponen a entrar en el agua:
—Mamá, no quiero ir a Mallorca.
Y la madre le contesta:
—Venga hija, calla y empieza a nadar.

ⓐ ⓐ ⓐ

Al volver de las vacaciones, la profesora le pregunta a Carlitos:

—A ver, Carlitos, ¿qué has hecho este verano?

Y Carlitos, con cara de aburrido, le dice:

—He ido a la playa, seño, pero no he hecho nada tan interesante como para escribirlo en una redacción.

Tres amigos deciden ir a la playa y cada uno lleva una cosa para compartir con los demás. El primero lleva una sombrilla. El segundo, unas toallas. El tercero carga con la puerta de un coche.

—¿Se puede saber por qué traes la puerta de tu coche? —pregunta uno de ellos.

—Hombre —responde—, para bajar la ventanilla si hace mucho calor.

🌀 🌀 🌀

Dos niñas están comiéndose un helado delante del mar, y una pregunta:
—¿Conoces el chiste de «no» y «yo tampoco»?
—No —contesta la amiga.
—Yo tampoco. ¿Lo has entendido?
—No —vuelve a contestar la amiga.
—Yo tampoco.

Dos mujeres se encuentran en el paseo marítimo:
—Hola, ¿nos conocemos? Creo que he visto tu cara en otra parte.
—Imposible —contesta—. Siempre la he tenido en el mismo sitio.

Unos niños están construyendo una balsa de madera cerca del mar y se dan cuenta de que les falta un serrucho. Uno de los niños entra en una ferretería y pregunta:
—Hola, ¿tiene serruchos?
—No —contesta el vendedor—. Lo siento.
—¿Y sierras? —vuelve a preguntar el niño.
—Hacia las dos del mediodía.

@ @ @

Un niño sale del agua y le dice a su madre:
—Mamá, tengo un problema.
—¿Ah, sí? —pregunta la madre—. ¿Cuál?
—$3x-1=9+x$

@ @ @

Dos amigas están jugando en la playa y una le dice a la otra:

—¿Sabías que soy maga? Puedo hacer desaparecer ese elefante de ahí que se está bañando.

—¿Qué elefante? —pregunta la amiga.

—Soy buena, ¿verdad?

Dos amigas están sentadas mirando el mar y una pregunta:

—¿Qué pasaría si el mundo fuera un cubo?

Y la amiga responde:

—Que seríamos cubanos.

Un grupo de niños descubren a un bañista que se está ahogando y rápidamente avisan al socorrista de la playa:

—¡Rápido! —grita el socorrista—. ¡Necesita reanimación urgente!

Y todos los niños empiezan a cantar:

—¡A la bim, a la bam, a la bimbombam! ¡Ahogado, ahogado, y na-die-más!

🌀 🌀 🌀

Dos niños están jugando con las palas en la arena y uno le pregunta al otro:

—¿Tú sabes cómo murió el Capitán Garfio?

—Ni idea —contesta el amigo.

—Se rascó la espalda con la mano equivocada.

🌀 🌀 🌀

Carlitos está a punto de hacer windsurf por primera vez, y su amigo le pregunta:

—¿Estás nervioso?

—Sí, un poco —contesta Carlitos.

—¿Es la primera vez?

—No —responde Carlitos—. He estado nervioso otras veces.

෧ ෧ ෧

Un niño ha estado jugando todo el día en la arena y por la noche le pregunta a su madre:

—Mamá, ¿huelo mal?

—No —contesta la madre—. Hueles a común.

—¿Y qué es común?

—*Comuncerdito*, hijo, *comuncerdito*.

෧ ෧ ෧

Ángel está paseando por la arena, se encuentra con un hombre y le pregunta:

—Buenos días, ¿usted qué es?

—Yo soy marinero y escritor —contesta el hombre.

—¡Anda! —grita Ángel—. ¡Como yo!

—¿Ah, sí?

—Sí. Navego por Internet y escribo en Facebook.

De viaje

Situaciones disparatadas en los medios de transporte

Durante un vuelo de Europa a América, el avión entra en una zona de turbulencias muy fuerte en medio del océano Atlántico y un rayo cae en un ala y la rompe. Lógicamente, el avión pierde el control y empieza a caer. Los pasajeros, al darse cuenta de lo que sucede, se asustan, pero uno de los pasajeros, que es sacerdote, se pone al frente de todos y exclama:

—Hermanos, tranquilos por favor, juntemos nuestras manos y digamos una oración para que Dios nos lleve al cielo.

Y un pasajero de atrás le suplica:

—Sí, padre, pero, por favor, oremos rápido porque vamos en sentido contrario.

***

Un niño se monta en un autobús con su mochila a cuestas, y le pregunta al conductor:
-¿Cuánto cuesta el autobús?
El conductor le responde:
-Un euro.
El niño, dirigiéndose a todos los pasajeros, anuncia en voz alta:
-¡Pues bájense todos, que me lo llevo!

* * *

Un niño llama a la puerta de casa de su amigo, su madre le abre y le pregunta:
—Hola, señora, ¿está Pablito?
Y la madre contesta:
—Sí, sí que está, pero no saldrá a jugar porque está castigado.
El niño duda un instante antes de preguntar:
—¿Y su bici también está castigada?

* * *

En un crucero por el Mediterráneo, el capitán dice:
—¡Todos a la Sala de Máquinas!
Y Máquinas durmió en el pasillo.

Un hombre acaba de llegar de viaje y estornuda sin parar.

—Caramba —le dice un amigo—. ¡Vaya resfriado!

—Sí —dice el hombre—. Ayer volví en tren, la ventana estaba atascada y el aire me daba en la cara.

—¿Y por qué no cambiaste de asiento? —le pregunta el amigo.

—Porque el tren estaba vacío y no encontré con quién intercambiarlo.

* * *

* * *

En un vagón de tren, un niño juega al parchís con sus abuelos y de repente se traga una ficha sin querer. La abuela le grita, asustada, al abuelo:

—¡Carlitos se ha comido una ficha!

Y el abuelo, tranquilamente, le responde:

—Pues que avance veinte casillas...

Un policía de tráfico da el alto a una familia que va de vacaciones en coche. Cuando el conductor baja la ventanilla, el policía le pregunta:

—¿Es que no ha visto el semáforo en ámbar?

Y el hijo, que va sentado detrás, contesta:

—Sí que lo ha visto. Al que no había visto es a usted.

En la cabina de un avión el capitán se dirige a la torre de control y dice:

-Atención, aquí vuelo 505. Necesito una pista urgentemente.

Y desde la torre de control contestan:

-Oro parece, plata no es...

* * *

De viaje en coche, una niña le pregunta a su hermano:
—¿Sabes cuál es la diferencia entre un coche y un váter?
—No, ¿cuál?
—Que en el coche te sientas y corres, y para ir al váter corres a sentarte.

* * *

Una niña le dice a su amiga:
—Esta noche he soñado que iba de vacaciones y que conducía un coche.
—¿Ah, sí? Pues yo he soñado que viajaba por todo el mundo con mi avión privado.
—¡Ay, qué envidia! ¿Por qué no me has llamado?
—Lo he hecho, pero estabas conduciendo.

Dos amigas van de vacaciones en tren, y una le pregunta a la otra:

—Luisa, si fueras en coche y se te parara justo en medio de las vías del tren, ¿qué marcha pondrías?

Y Luisa contesta:

—Fácil: la marcha fúnebre.

* * *

Dos hermanos viajan en autobús y el mayor le pregunta al pequeño:

—¿Has visto a esas gemelas? ¿Qué edad deben de tener?

Y el hermano contesta:

—Me han dicho que una tiene catorce, pero la hermana no lo sé.

* * *

* * *

En un autocar lleno de niños que se van de vacaciones, una niña va hacia el conductor y le da un puñado de cacahuetes sin cáscara.

—Muchas gracias —le dice el conductor.

Al cabo de cinco minutos, la misma niña va hacia el conductor y le vuelve a dar un puñado de cacahuetes sin cáscara.

—Muchas gracias —le dice otra vez el conductor.

Al cabo de cinco minutos, la misma niña vuelve y le da otro puñado de cacahuetes.

—Muchas gracias —dice el conductor—, pero ¿no crees que los podrías repartir también entre tus amigos y amigas?

Y la niña le contesta:

—No se preocupe, señor, nosotros ya chupamos el chocolate que los recubre.

Unas horas antes de salir de vacaciones y con el coche cargado, un padre pide a su hijo que le ayude a aparcar el coche delante de casa:

—Pablito, dime si me doy con el coche de atrás.

Al cabo de unos veinte segundos, se oye un golpe y Pablito le dice:

—Ahora. Ya te has dado con el coche de atrás.

* * *

Dos niños van en coche y juegan a las adivinanzas:

—¿Qué le dice una piedra a otra piedra?

—No sé.

—¡Qué vida más dura!

* * *

Una madre y su hijo van en un crucero y contemplan el Mediterráneo apoyados en una barandilla. El hijo habla y habla sin parar. Entonces la madre le dice:
—Hijo, eres como el mar.
—¿Lo dices porque soy bonito? —dice el niño.
—No —contesta la madre—. Porque me mareas.

* * *

Un hombre que no ha cogido un avión en su vida se pone en la cola de la ventanilla de venta de billetes. Como no tiene ni idea de lo que debe hacer, escucha atentamente lo que pide la chica que va delante de él:
—Hola, quiero un billete para Florida. Solo ida.
Cuando llega su turno, el hombre le dice a la vendedora:
—Hola, quiero un billete para Nueva York, solo York.

Dentro de un avión, una niña que está mirando su pasaporte le pregunta a su hermana:
—¿Sabes por qué los elefantes no pueden viajar en avión?
—No —contesta la hermana—. ¿Por qué?
—Porque su huella digital no cabe en el pasaporte.

En el avión un hombre le enseña a su hijo por la ventanilla la Ciudad del Vaticano.

-Mira hijo, el Vaticano. Ahí vive el Papa de Roma.

Y el hijo, observando por la ventanilla, dice:

-Y pensar que empezaron solo con un pesebre...

* * *

Un turista ha alquilado un coche y entra por una calle en sentido contrario.

La policía le para justo antes de que provoque un accidente y le riñe:

—Pero, ¿es que no ve usted adónde va?

Y el turista responde:

—No, pero debe de ser un lugar horroroso, porque todos vienen hacia aquí huyendo.

De viaje por una pequeña carretera de montaña se ha formado una larguísima caravana. Los agentes de tráfico se dirigen al inicio de la gran cola para ver qué pasa y ven a un conductor de un Seiscientos que va muy, pero que muy despacio:

—Oiga —le dice el policía al conductor del Seiscientos—. ¿Por qué no va un poco más rápido? Y el conductor del Seiscientos responde:

—¿Para qué? Si soy el primero.

✳ ✳ ✳

En la pista de un gran aeropuerto, el piloto de un avión tiene delante a dos marcianos que acaban de bajar de su nave espacial.

—Venimos de Marte —dice uno de los marcianos.

Y el piloto les pregunta:

—¿De marte de quién?

* * *

Un turista que nunca había salido del pueblo llega de sus vacaciones y le dice a su amigo:

—Mira qué reloj me he comprado en Taiwan. Marca la hora, los minutos, los segundos, tiene luz, alarma, GPS y brújula.

—¡Vaya! —comenta el amigo, asombrado—. ¡Cuántas cosas tiene!

—Y eso no es nada —continúa el turista—. Todavía no he encontrado el botón de la ducha, pero el vendedor me dijo que podía bañarme con él.

Durante un vuelo, la azafata se acerca a ver qué le ocurre a un hombre que protesta.

—¡Estoy harto de esta aerolínea! ¡Siempre me toca el mismo asiento! ¡No puedo ver la película y, como las ventanillas no tienen persianas, tampoco puedo dormir!

Y la azafata le responde:

—Deje de quejarse y aterrice de una vez, comandante.

✳ ✳ ✳

Un policía dice a una señora que va conduciendo en el coche con sus hijos:

—¿Es que no ha visto el stop?

Y la madre contesta:

—Sí, pero como les digo siempre a mis hijos: "No hay que creerse todo lo que dicen".

> Una pareja de turistas están en un cruce de caminos y, delante de ellos, sentado en un banco, hay un abuelo.
> La chica pregunta al abuelo:
> —Perdone, ¿puede decirnos dónde estamos?
> Y el abuelo contesta:
> —¿Dónde van a estar? ¡En su coche!

* * *

En un avión el piloto dice:

—A todos los pasajeros. Rompan las ventanas, por favor. Los que están sentados a la derecha saquen la mano derecha, y los de la izquierda, la izquierda. ¿Ya está? Pues ahora aleteen. ¡Aleteen, aleteen, que caemos!

* * *

Un piloto de avión le cuenta a su hijo:

—¡El otro día se apagó el motor derecho del avión, y luego el izquierdo!

—¿Y qué hiciste? —pregunta el hijo.

—Nada, por suerte ya había aterrizado.

Un muchacho quiere irse de vacaciones con su propio barco, pero antes tiene que hacer un examen.

—¿Cuántas anclas tiene un barco? —le preguntan.

—Esteeee, mmmm, ¡Once!

—¿Qué? ¿Cómo que once?

—¡Claro! ¿No sabe inglés? ¿No ve que siempre dicen: *Eleven* anclas?

✳ ✳ ✳

Dos abuelos están sentados delante de la carretera viendo pasar a todos los que se van y vienen de vacaciones, y uno le dice al otro:

-¿En qué se parecen un actor y un camión?

-Ni idea.

-En que el actor hace teatro y el camión *teatro-pella*.

Un niño quiere visitar Barcelona, entra en una agencia de viajes y dice:
—Por favor, ¿me podría dar un billete para Barcelona?
—¿También de vuelta? —le pregunta el encargado.
—Bueno, pensándolo mejor, démelo solo de vuelta, porque aún estoy pensando si debo ir o no.

Una niña se ha pasado todo el verano aprendiendo a ir en bici y su madre le pregunta:
—Ahora que ya has aprendido a ir en bici, ¿qué ha sido lo más duro?
Y la hija responde:
—El suelo.

Una niña está esperando para subir a un avión cuando llega su amiga corriendo y le pregunta:

—María, ¿qué hora es?

—Las once —contesta María.

—¡Oh, no! —se lamenta la niña—. ¡Es muy tarde!

Y María contesta:

—Pues haberlo preguntado antes.

* * *

* * *

En el tren, un niño se pasa de listo y viaja en primera clase con un billete de tercera. Llega el revisor, y le dice:
—Pero, bueno, niño, ¿cómo viajas en primera clase si has pagado un billete de tercera?
Y el niño responde:
—Pues comodísimo, oiga, comodísimo.

Un niño coge un tren para ir de vacaciones al pueblo de sus primos y en el vagón se encuentra a una mujer con un loro en una jaula.

—¡Oh, qué lorito más bonito! —dice el niño—. ¿De qué raza es?

—Lo ignoro —dice la mujer.

—¡Oh! —vuelve a decir el niño—. ¡Qué *loignorito* más bonito!

Dos niñas pequeñas están sentadas cerca del aeropuerto y miran con atención cómo aterrizan los aviones. De pronto, una le pregunta a la otra:

–Si uno va en avión y el avión se incendia, ¿por dónde sale?

Y la amiga contesta:

–Por la tele.

* * *

Dos hermanos van de viaje en el AVE con sus padres y uno le dice al otro:
—¿Te has fijado lo rápido que pasan los árboles?
Y el otro contesta:
—Es verdad. De vuelta podemos agarrarnos a uno y seguro que llegamos antes.

* * *

De madrugada, un matrimonio va en su coche por una carretera llena de curvas y la mujer le dice al marido:
—Ten cuidado, Juan, que viene una curva cerrada.
Y Juan contesta:
—¿Y qué creías, que a las cuatro de la madrugada estaría abierta?

Un niño hace autostop en la carretera, le para un camión y le pregunta:
—Señor, ¿va hacia el parque?
—Sí —dice el conductor.
Y el niño le dice:
—¡Pues que se divierta!

* * *

Viajando en tren, un niño está jugando con el ordenador portátil de su padre, cuando le pregunta:
—Papá, ¿qué significa formateando el disco duro?

* * *

Papá, hay un ratón en el maletero.

Imposible. Si ahí tenemos el gato...

* * *

Una niña se va de vacaciones en avión, pero por culpa de las turbulencias siente miedo, y le pregunta a la azafata:
—Señorita, si nos caemos ¿hay algo que nos pueda detener?
Y la azafata responde:
—Sí, el suelo.

* * *

Un niño ve a una mujer viajando en su moto a punto de tomar una curva y de pronto le grita:
—¡Vaca!
La mujer, desde la moto y muy enfadada, le contesta:
—¡Maleducado!
Y, claro, al girar la curva la mujer chocó contra la vaca.

Julia cumple años durante las vacaciones y está preparando su fiesta. Su madre ve que está poniendo un par de botellas vacías en la nevera, y le pregunta:
—Julia, ¿por qué pones botellas vacías en la nevera?
Y Julia contesta:
—Para los que no quieren tomar nada.

* * *

Una mujer está telefoneando desde un coche que se encuentra en medio de un río y dice:
—¿Que por qué creo que no arranca? Bueno... me parece que ha entrado un poco de agua en el motor.

Un turista está en las taquillas de la estación de tren y, enfadado, le dice al vendedor:
—¡Vaya robo! ¿No hay billetes más baratos?
—Sí, pero tendría que llevar bozal —contesta el vendedor.

* * *

Llega un ciclista a un bar y le dice al camarero:
—Por favor, ¿me puede dar una caja de Fanta?
El camarero pregunta:
—¿De naranja o de limón?
Y el ciclista contesta:
—Da igual, es para sentarme.

Un viajero llama a un taxi para ir a la estación y le pregunta al taxista:

—¿Cuánto cuesta ir a la estación?

—Treinta euros —contesta el taxista.

—¿Y las maletas? —pregunta el viajero.

—Las maletas las llevo por un euro.

—De acuerdo —dice el viajero—, lléveme las maletas que yo iré andando.

* * *

Un hombre va de viaje en coche y está cometiendo muchas infracciones. Le para un guardia y le dice:
—¿Es que no sabe lo que ha hecho?
—Sí, lo sé —contesta el hombre—. Lo que no sé es conducir.

* * *

Un par de amigos viajan en tren por China y uno le pregunta al otro:
—¿Sabes cuáles son los tres chinos más pobres de China?
—Ni idea —contesta el amigo.
—Chin lu, Chin gas y Chin agua.

En un tren, cuando ya hace rato que viajan, un niño le pide el teléfono a su padre para llamar a una amiga.

—Hola, ¿hablo con María José? —pregunta el niño.

—No, con José María.

—Perdone —dice el niño—, he marcado al revés.

En el mostrador del aeropuerto, una turista le dice a la empleada de las aerolíneas:

—La maleta grande la quiero en Nueva York, la bolsa verde en Tokio, y de las dos mochilas, me dejáis una en El Cairo y la otra en París...

La empleada no le deja continuar y le dice:

—Perdone, pero eso aquí no lo hacemos.

—¿Cómo que no? ¡Es lo que hicieron la última vez que viaje con su compañía!

Un hombre que nunca ha viajado, sube a un avión destino a Nueva York y su compañero de asiento le dice:
—Si no sabe hablar inglés correctamente, no se preocupe. Cuando llegue a Nueva York, usted hable despacio y verá como le entenderán.

Al llegar al aeropuerto de Nueva York, el hombre coge un taxi y le dice al taxista:
—Bu–eeee–nooos dí–aaaas. Queeee–ríiiii–aaaaa iiir aaaal ceeeeen–troooo.
—Deeeeee aaaaaa–cueeeeer–doooooo —contesta el taxista.

Y se pasan hablando así durante una hora, hasta que llegan al centro de Nueva York y el taxista le pregunta al pasajero:
—¿Uuuuuus–teeeeed deeeeee dóooooon–deeeeeee eeeeeees?
—Deeeeee Eeeeeeees–paaaaaaaaaa–ñaaaaa —contesta el pasajero.
—Yooooooo taaaaaaaam–biéeeeen —contesta el taxista.
—Aaaaaaaaan–daaaaaaaa, queeeeeee caaaaaa–suuuuuaaaaa–liiiiii–daaaaad. Peeeeee–roooo en–toooooon–ceeeeees, ¿por quéeeeeee haaaaa–blaaaa–moooooos aaaaa–síiiiiiiii?

Dos niños quieren fugarse del campamento de verano, y uno le dice al otro:

—Si la pared es baja, la saltamos. Si es alta, hacemos un hoyo. ¿De acuerdo?

—De acuerdo. Ve tú primero.

Pasadas tres horas regresa el amigo y le dice:

—No podemos escapar.

—¿Por qué?

—¡Porque no hay pared!

✝ ✝ ✝

En el comedor de un albergue los niños están comiendo los postres cuando llega un niño a la mesa con un plato lleno de pasteles.

-¡Es el quinto plato de postres que traes! ¿No te echan la bronca?

-¡Qué va! -contesta el otro-. Siempre digo que son para ti.

✝✝✝

En el campamento de verano, una niña está enferma y el monitor le dice:
—Ves qué bien, Sofía, hoy toses mejor que ayer.
Y Sofía responde con mala cara:
—Claro, he estado toda la noche ensayando.

✝✝✝

En la fila para ir a comer, un niño les dice a sus compañeros:
—¿Queréis que os cuente chistes?
—Vale —contestan todos.
—Un chiste, dos chistes, tres chistes, cuatro chistes…

Un niño vuelve del campamento de verano y su madre le dice:

—Así que te lo has pasado muy bien. ¿Y cuántos premios has ganado?

—Cuatro —responde el hijo.

—Ah sí. ¿Cuáles?

—Primero el de memoria —responde el hijo.

—¿Y los otros tres? —pregunta la madre.

—No me acuerdo.

✝ ✝ ✝

Los niños han ido a una granja para estudiar y dibujar a los animales. Delante de un grupo de ovejas, un niño pregunta al granjero:

-¿Cuántas ovejas tiene?

Y el granjero contesta:

-Pues no lo sé. Siempre que intento contarlas me quedo dormido.

+ + +

En una clase al aire libre, los alumnos del campamento estudian la fauna de la montaña, y la monitora les pregunta:

—A ver, ¿cuál es el animal que puede ver doble?

Un niño dice que es el águila. Otro niño responde el oso. Otro el búho y hay uno que dice la trucha de río.

—No —responde la monitora—. ¿Juanito?

Y Juanito responde:

—El animal que ve doble es la oveja, porque ve con los ojos y «beeee» con la boca.

Alrededor de la fogata, unos niños explican historias de miedo y uno de ellos dice:

—Entonces apareció el león. Primero a diez metros, luego a cinco metros, después a un metro, con sus dientes, sus garras, su rugido a menos de un palmo… Espantado, uno de los niños pregunta:

—¿Y qué hiciste?

Y el otro contesta:

—Apagar la tele.

✝ ✝ ✝

+++

Un niño telefonea a sus padres desde el campamento para explicarles que ha conseguido subir una de las montañas más altas de España.

—¡Mamá, mamá! He sido el primero en subir a la cima.

—¿Cómo? —pregunta su madre, porque hay interferencias—. ¿Puedes repetirlo?

—No mamá, ¡con lo que me ha costado yo no vuelvo a subir!

Dos niños están jugando a las adivinanzas, antes de cenar con sus compañeros, y uno le dice al otro:
—Se abre el telón y se ve a un pitufo que enseña el trasero. ¿Cómo se llama la serie?
Y el otro contesta:
—No sé. ¿Cómo?
—Ver *ano* azul.

✝ ✝ ✝

De excursión por la montaña, un niño mira a su alrededor, ve que se ha quedado solo sin el grupo y dice:
—¡Anda, se han perdido todos menos yo!

✝ ✝ ✝

✝✝✝

Entre las cabañas de la montaña, los niños más
pequeños están sentados alrededor de un montón de
hojas y ramas y uno de los monitores, con una rama
en la mano, pregunta:
—¿Qué es esto?
Y una niña contesta:
—Un paraguas desnudo.

En una clase del campamento de verano un monitor explica a los alumnos cómo respiran las plantas, los animales y las personas, y acaba diciendo:
—Y el oxígeno lo descubrió Carl Wilhelm Scheele en 1773. De repente, salta un niño y pregunta:
—¿Y hasta entonces cómo respiraban?

+ + +

Dos niñas están haciendo un juego de pistas por el bosque y una le pregunta a la otra:
—¿Sabes lo que le dice una mosca a la otra?
—No —responde la amiga.
—Se me pasa el día volando.

+ + +

✚ ✚ ✚

Un monitor del campamento le dice a uno de los niños:
—Juanito, desde el lunes, has llegado cuatro días tarde a las clases de natación. ¿Qué conclusión sacas de esto?
Y Juanito responde:
—¿Que hoy es viernes?

✚ ✚ ✚

Desde la cima de una montaña, dos niños contemplan el mar y uno le pregunta al otro:
—¿Para qué crees que sirven las velas de los barcos?
Y el otro contesta:
—Para que no se queden a oscuras.

Un grupo de niños del campamento visita un monasterio donde ven todo tipo de monjas: jóvenes, mayores, gordas y delgadas. Uno de los niños le pregunta a su compañero:
—¿Cuál crees que es la monja más fuerte?
—Sor Zenegger —responde tranquilamente, el amigo.

✝ ✝ ✝

Dos niñas están repasando materias en un aula de la cabaña y una de ellas pregunta:
—Oye, ¿cómo se escribe «vaca»?
—Tal como suena —contesta la amiga.
—¿Muuuuu? Gracias.

✝ ✝ ✝

En el campamento, un monitor regaña a un niño con la cara sucia y la ropa rota:
- Te has peleado y has perdido tres dientes. ¡Ya verás cuando lo sepan tus padres!
Y el niño contesta:
- No los he perdido. Los tengo en el bolsillo.

+++

Los niños están haciendo una excursión con los monitores, y uno de ellos comenta:
—Muy bien, chicos. A partir de aquí iréis vosotros solos. Seguid avanzando.
Y todos se perdieron, porque Vanzando no sabía el camino.

Las chicas y los chicos del campamento están explicando historias de miedo alrededor de la fogata cuando ven que por el camino se les acerca una niña.

—Hola guapa —le dice uno de los monitores—. ¿Qué haces aquí sola? ¿No tienes miedo de andar de noche por la montaña?

Y la niña contesta:

—Desde que soy un fantasma, no.

✝✝✝

En un claro del bosque, al lado de las tiendas, uno de los monitores jefe le dice a uno de los scouts:

-Juanito, ice la bandera.

Y Juanito contesta:

-Pues le felicito. Le ha quedado muy bonita.

+++

En el campamento de verano es la hora de
repasar asignaturas y, en medio de un ejercicio de
matemáticas, un alumno le pregunta a su amigo:
—¿Qué le dijo un número 3 a un número 30?
—¡Y yo qué sé! —contesta el amigo.
—Para ser como yo, tienes que ser *sincero*.

El primer día de campamentos, el monitor pasa lista y le pregunta a un niño:
—¿Cuál es tu nombre?
—David —contesta el niño.
—¿Tavid?
—No, David con D de Dinamarca.
—Ah —contesta el monitor—, pues, bienvenido, David Conde de Dinamarca.

✝ ✝ ✝

En el campamento, descansando al lado de las tiendas de campaña, una niña le dice a su amiga:
-Soy tan buena con el arco que gané al monitor.
La amiga pregunta:
-¿Ah, sí? ¿Cuándo fue eso?
Y la niña contesta:
-Ayer, después de que se rompiera el brazo.

En clases de repaso, mientras se ve a otros niños jugando en el parque, un alumno le pregunta a su compañero:
—¿Cuál es el futuro del verbo «bostezar»?
Y el compañero responde:
—Dormir.

✝✝✝

De noche un grupo de niños contempla el cielo y estudia las estrellas cuando uno de los monitores les pregunta:
—¿Alguien sabe qué hay justo después de Marte?
Una niña levanta la mano y dice:
—Miércole.

✝✝✝

Los niños y las niñas del campamento están visitando una granja donde hay gallinas, ocas, gallos, patos, gansos y conejos, y el monitor le pregunta a una niña:
—Marina, ¿qué hay detrás de la oca?
Y Marina responde:
—El parchís.

Desde su tienda de campaña, dos niñas miran el cielo estrellado y lanzan una pregunta:
—¿Crees que vive alguien en la luna?
Y la otra contesta:
—Claro, ¿no ves que tienen la luz encendida?

+++

En una clase de lengua, el monitor le pregunta a un alumno:
—A ver, Jorgito, cuando cantas, tú dices «Yo canto», pero cuando canta tu hermana, ¿qué dices?
Y Jorgito responde:
—«Cállate ya».

+++

-No entiendo a los mayores.
-¿Por qué?
-Porque primero te enseñan a hablar, y cuando ya hablas, te hacen callar todo el rato.

CASTIGADOS

+++

Mientras dos niñas lavan los platos de la comida, una le pregunta a la otra:
—¿Es verdad que en casa lavas tú los platos?
—Claro —contesta la niña—. Los platos, el suelo y lo que sea.
—¿Y tus padres?
—No, mis padres se lavan solos.

+++

Repasando inglés en el campamento, Carmen le dice a Melisa:
—No entiendo nada.
—¿Por qué? —pregunta Melisa.
—Porque si en inglés CAR es «coche», y MEN es «hombres». ¿Qué soy yo? ¿Una Transformer?

Antes de ir de excursión, Pedro ve que Juan está preocupado y le pregunta:

—Juan, ¿qué te pasa?

—Estoy preocupado por mi abuelo —dice Juan.

—¿Y por qué?

—Porque se come las uñas y nadie sabe qué hacer para que no lo haga.

—Haz como yo —le dice Pedro.

—¿Y qué hiciste? ¿Le ataste las manos?

—No —contesta Pedro—, le escondí los dientes.

✝ ✝ ✝

En la entrada de un albergue, una niña le dice a su amiga:

- ¿Sabes que he perdido a mi hámster en el bosque?

- ¿Y por qué no pones un anuncio aquí?

- No serviría de nada. Mi hámster no sabe leer.

Una niña va a quejarse a la monitora del campamento y le dice:

—Seño, todos los del grupo me llaman artista.

—¿Ah, sí? ¿Quiénes?

Y la niña le dice:

—Espera, que te los dibujo.

Es la primera vez que Marta va a un campamento de verano y, como por la noche tiene un poco de miedo, le pregunta a su amiga:

—Oye, Ana, ¿cómo sabes que no tenemos un elefante debajo de la cama?

Y Ana contesta:

—Porque estaríamos tocando el techo con la nariz.

Dos niños están hartos de estar en el campamento haciendo deberes y excursiones y deciden escaparse. Por la noche, pasan en silencio por detrás de la cabaña de los monitores, con tan mala pata, que pisan una rama seca y hacen ruido:

—¿Quién anda por ahí? —grita un monitor.

Y uno de los niños dice:

—Miaaaaau.

El monitor, al oír que es un gato, se gira, pero antes de volver a entrar en la cabaña, el segundo niño pisa otra rama y el monitor vuelve a preguntar:

—¿Quién anda por ahí?

Y el niño, pensando en lo que ha hecho su amigo dice:

—Otro gatooooo.

✝ ✝ ✝

Un padre deja a su hijo en el campamento de verano y le dice:

—Hijo, aquí seguirás estudiando durante el verano para que empieces bien el curso, seas más listo y estés mejor preparado para la vida.

Y el hijo responde:

—Pero papá, no hace falta. Yo solo quiero ser como tú.

En el campamento, Juanito mira de reojo la página de su compañero.

-Juanito, estás copiando el problema.

Y Juanito contesta:

-No estoy copiando el problema. Estoy copiando la solución.

✝✝✝

En el campamento suena el móvil de uno de los monitores:

—¿Diga?

—Buenos días —dice una voz—, mi hijo no podrá venir este año al campamento porque está enfermo.

—Ah, muy bien —contesta el monitor—. ¿Con quién estoy hablando?

Y la voz contesta:

—Con mi papá.

Antes de irse a dormir a su litera, Luis recita una oración:

—Por favor, Dios mío, haz que Barcelona sea la capital de España.

Su amigo, que lo está escuchando, le pregunta:

—Luis, ¿por qué le pides a Dios que Barcelona sea la capital de España?

Y Luis contesta:

—Porque es la respuesta que he escrito en el examen de hoy.

✝ ✝ ✝

Varios alumnos están con sus lápices y sus cuadernos de dibujo delante de unas vacas y uno de ellos le pregunta al granjero:

– ¿Podemos pintar sus vacas?

Y el granjero contesta:

– ¿Por qué? ¿No os gustan de ese color?

✝✝✝

Un niño le presenta los deberes al monitor del campamento y le dice:

—Tenga, profe, aquí están los deberes.

—¿Cómo? —dice el monitor—. No has hecho la presentación.

Y el niño contesta:

—¡Señoras y señores, con todos ustedeeeeeees, los debereeeees!

✝✝✝

En la cola de la ducha, un niño le pregunta a otro:

–¿Qué le dice una nalga a otra nalga?

–Eh, tú, no te pases de la raya.

125

Pepito llega a su casa después de pasar un mes en el campamento y le dice a su madre:

—¡Por fin he sacado el primer 10 de mi vida!

—¿Ah sí? —contesta, alegre, su madre—. ¿En qué asignatura?

Y Pepito responde:

—Un 2 en mates, un 2 en ciencias, un 3 en lengua, un 1 en gimnasia y un 2 en inglés.

✝✝✝

+++

Delante de un bosque con un montón de árboles
fruteros, el monitor le pregunta a Jaimito:
—A ver Jaimito, ¿cuál es el mejor momento para
recoger las cerezas?
—Fácil —responde Jaimito—, cuando el perro del vecino
está atado.

+++

De visita a una granja de vacas, un monitor le
pregunta a Matilde:
—Dime cinco cosas que contengan leche.
Y Matilde contesta:
—Cinco vacas.

En una clase de geografía, en el campamento, el profesor le pregunta a una niña:
—Montse, acércate al mapa y dinos dónde está América.
Montse se acerca, señala América y vuelve a sentarse.
—Muy bien, Montse —dice el profesor—. Ahora tú, Silvia. ¿Podrías decirme quién descubrió América?
Y Silvia responde:
—Claro, profe. Fue Montse.

✝ ✝ ✝

+ + +

Hoy es día de control en el campamento de verano y los hermanos Esteve se dirigen a la cabaña para hacer el examen.

—Víctor, creo que voy a suspender matemáticas.

—¿Estás seguro? —le pregunta su hermano.

—Tan seguro como que dos más dos son cinco.

+ + +

En una clase al aire libre, los chicos observan a un erizo y el monitor pregunta:

—A ver, María, ¿cómo crees que se reproducen los erizos?

Y María responde:

—Con mucho cuidado, supongo.

Javier y Paula están estudiando en una de las cabañas del campamento y él le dice a ella:
—Me gustaría haber nacido en la Edad Media.
—¿Por qué? —pregunta Paula.
—Porque así tendríamos que estudiar mucha menos historia.

+++

En el campamento, un monitor advierte a los chicos que por la mañana les despertará muy temprano para ver la salida del sol. Uno de ellos responde:
—Vale, pero que sea después de las once.

+++

✝✝✝

En una clase al aire libre, la monitora pregunta:
—Pepito, ¿qué da el peral?
—Peras, señorita.
—Muy bien ¿y el melocotonero?
—Melocotones, señorita.
—Muy bien. A ver Jaimito, ¿el cedro da alguna fruta?
—Claro que sí, señorita. El cedro da *torcino*.

✝✝✝

Cinco niños de padres ricos están en sus literas
esperando a que se apaguen las luces y el primero dice:
—Cuando vuelva a casa le voy a pedir a mi padre que
me compre unos caballos.
—Pues yo —dice el segundo—, cuando vuelva a casa
le voy a pedir a mi padre que me compre toda una
granja.
—Pues yo —dice el tercero—, cuando llegue a casa le
diré a mi padre que me compre toda una provincia.
—Pues yo —dice el cuarto—, cuando llegue a casa le
diré a mi padre que me compre todo un país.
El quinto niño, harto ya de las tonterías de sus
compañeros, les dice:
—Pues yo, cuando llegue a casa, le diré a mi padre que
no os venda nada de nada.

Turistas y otras especies

Bromas sobre
viajeros despistados

Unos turistas llegan al apartamento que han alquilado en Finlandia y uno le dice al otro:
—Oye, ¿por qué pones las patatas en la ventana?
—Porque fuera hace un frío que pela.

# # #

Un turista andaluz que está de vacaciones en Finlandia ve a un finlandés disfrazado de Santa Claus y le dice a su hermano:
—Mira, Papá Noel.
—No, ni mamá tampoco.

# # #

Un niño llega a su pueblo después de unas vacaciones en China y su amigo le pregunta:
-Habrás visto muchas cosas en China, ¿verdad?
-Pues no. No salimos del hotel. Papá dijo que la habitación era carísima y que teníamos que aprovecharla.

\# \# \#

Durante sus vacaciones en África, un niño va al hospital por una urgencia. Cuando se encuentra delante del médico, le dice:

—Un camello me ha dado una coz.

Y el médico pregunta:

—¿Dónde?

El niño contesta:

—En el desierto.

En la recepción de un hotel, un niño le dice a su madre:
—Mamá, mamá... hay un pobre señor gritando en la calle. ¿Me das dinero para ese pobre hombre?
—Está bien —contesta la madre—, pero ¿qué grita el pobre hombre?
Y el hijo dice:
—¡Helados! ¡Helados!

Un chaval entra en una librería y le dice al vendedor:
—¿Me recomienda un libro para hacer amigos, imbécil?

Dos niñas se encuentran después de las vacaciones y una le dice a la otra:
-¿Has estado en Venecia? ¡Qué bonito debe de ser!
Y la amiga contesta:
-No creas. Estaba todo inundado.

Un explorador tiene que pasar por una cueva llena de leones y el guía le dice:
- Adelante. Están muertos de hambre.
- ¿Y cómo pasaré sin que me coman?
Y el guía le contesta:
- Por encima. ¿No le he dicho que están muertos?

\# \# \#

Juan no ha ido de vacaciones este año, pero, cuando en septiembre vuelve a la escuela, quiere fardar delante de sus amigos, y les dice:

—Pues yo he viajado por África. Y en Egipto me subí a las pirámides.

—¿Ah, sí? —pregunta su amigo—. ¿Y has visto el nacimiento del Nilo?

—El nacimiento no —contesta Juan—, pero llegué a tiempo para el bautismo.

Un turista se va de vacaciones a la selva y le pregunta al guía:
—¿Es verdad que en esta zona hay caníbales?
—¡Qué va! —dice el guía—. Al último nos lo comimos la semana pasada.

# # #

Pasadas las vacaciones, un niño le pregunta a su amigo:
—Entonces, ¿cuántas veces has estado en Londres?
—Yo, tres o cuatro —contesta el amigo—. ¿Y tú?
—Pues yo una o ninguna —responde el otro.

# # #

En la ciudad de Roma, en Italia, un niño está mirando una estatua de Julio César y le pregunta a su padre.
—¿Por qué el emperador César iba siempre con sandalias?
Y el padre contesta:
—Porque era Julio.

\# \# \#

Una mujer está de viaje por el centro de Europa, y en un pequeño barrio de una vieja ciudad visita a una vidente para que le lea el futuro:

—Muy pronto —dice la vidente—, conocerás a un joven alto, guapo y rico. Os casaréis y seréis muy, muy felices. La mujer, con cara de sorpresa, exclama:

—¡Ah! Vale. Muy bien, pero… ¿qué hago con el marido y los tres hijos que tengo aquí afuera?

Un hombre aprovecha que está de viaje por Europa para trabajar en un circo, habla con el director y le preguntan:

—Bueno, pero, usted, ¿qué es lo que hace exactamente?

—Pues yo imito a los pájaros —dice el viajero.

—Mmm... no, no, gracias —responde el director—. Ese número no me interesa.

Y el viajero se fue volando.

\# \# \#

\# \# \#

Un caballero de la Edad Media se marea mientras viaja por la selva y cae al suelo. Se acerca un león, lo mira con atención y se retira lamentándose:

—¡Lástima! No tengo abrelatas.

Un ciego y un cojo han decidido hacer un viaje juntos a la gran ciudad y cuando llevan un rato caminando por las calles, el ciego le pregunta al cojo:
—¿Qué tal andas?
Y el cojo contesta:
—Pues ya ves.

# # #

Un turista le pregunta a otro:
—¿Cuál es el mar más molesto?
—El *mar-eo* —contesta el primero.

# # #

Un viajero está en la barra de una cantina mexicana con un vaso delante y le dice al camarero:
–Esta limonada está muy turbia.
Y el camarero responde:
–No hombre, no. Es el vaso, que está sucio.

TEX
MEX

JALISCO

XXX

#

Dos viajeros que no saben inglés van paseando por Londres:

—Oye, ¿sabes cómo se dice perro, en inglés?

—Claro. Se dice *dog*.

—¿Y veterinario?

—Claro. Se dice "*Dog*-tor"

#

Un turista llega a una ciudad mexicana y le dice a un vendedor:

—Déme uno de esos chiles.

—Muy bien —contesta el vendedor—, pero cuidado que pican.

Y el turista responde:

—No se preocupe, lo cogeré por la punta.

En la selva de África un leoncito se encuentra a un
turista y empieza a perseguirlo. Se acerca. Le ruge.
Se aleja. Le ruge. Da vueltas a su alrededor. Le ruge...
Al cabo de dos horas, la madre leona ve lo que está
haciendo su cachorro y le dice:
—Ya te he dicho muchas veces que con la comida no
se juega.

#

Un excursionista se acerca al borde de un barranco y lee:
«Cuidado con el borde del barranco».
Llega el borde, y le empuja.

#

Dos turistas acaban de llegar a una gran ciudad y uno se pone a escribir una carta:

—Oye, ¿a quién escribes?

—Pues como no tengo a quién escribir, me escribo a mí mismo.

—Ah, oye —vuelve a preguntar el amigo—, ¿y qué te cuentas?

—No lo sé, como aún no la he recibido…

Dos turistas andan por la selva del Amazonas y uno pregunta:

—¿Por qué los cocodrilos son verdes y planos?

—Porque si fueran rojos y redondos serían tomates.

Un turista asiste a un concierto de música clásica en Salzburgo, Austria, y viendo que todos los músicos llevan gafas oscuras, le pregunta a su compañero:
—Oiga ¿usted sabe por qué todos los músicos llevan gafas oscuras?
Y el otro contesta:
—Porque todas las obras que tocarán hoy son en clave de sol.

♯ ♯ ♯

Un pobre erizo camina por el Cañón del Colorado, en América, choca con un cactus y pregunta:
—Mamá, ¿eres tú?

♯ ♯ ♯

Dos niños pasean por el Paseo de la Fama de Los Ángeles y uno le dice al otro:

—Me gustaría que mi hermana fuera una estrella.

—¿Para poder venir a verla a Hollywood? —pregunta el amigo.

—No, para que viviera a 3.000 años luz.

\# \# \#

Un turista algo caradura aprovecha que está de vacaciones en un pueblo y se va al cine a ver una película. Una vez dentro, se acerca a un hombre que está sentado y le dice:

—Perdone, ¿está ocupado?

—No —contesta el hombre mirando el asiento de su derecha.

—Pues tráigame unas palomitas.

En el metro de Barcelona un turista ha decidido tocar la guitarra para poder pagarse las vacaciones. Al cabo de un rato, se le acerca un policía y le pregunta:

—¿Tiene permiso?

—No —contesta el turista.

—Pues tendrá que acompañarme.

Y el turista, contento, le dice:

—¡Qué bien! ¿Qué canción va a cantar?

¿Seguro que no ves ningún barco?

Un turista y su hijo que no han salido mucho de casa van a un restaurante y, ya en la mesa, el camarero les pregunta:

—¿Qué va a ser?

Y el padre contesta:

—Bombero o futbolista. Todavía no lo tiene claro.

El camarero insiste:

—No hombre, que ¿qué quiere?

Y el padre le contesta:

—¡Ah! Una bici nueva, como todos los niños.

Un viajero llega a Londres y, como no sabe mucho inglés, se apunta al curso más barato que encuentra. El primer día entra en la academia y pregunta:
—Perdone, ¿es aquí donde dan clases de inglés?
Y el de la academia le contesta:
—*If, if. Between, between.*

✳ ✳ ✳

En un campo de golf, dos ardillas vestidas de turistas ven cómo una de sus amigas se ha metido en uno de los hoyos Entonces una pelota de golf le da justo en la cabeza.
Una de las ardillas le recrimina:
—Eso te pasa por aprovechar los agujeros de los demás.

Un turista llega de viaje y le cuenta a un amigo:
—El viaje muy bien, pero el apartamento fatal.
—¿Por qué? —pregunta el amigo.
—Porque tenía un vecino que no paraba de dar golpes en la pared.
—¿Y, tú, qué hiciste?
—¿Qué iba a hacer? Seguir practicando con la batería.

# # #

Un viajero llega a Barcelona, pide un plato combinado y, cuando lo tiene delante, le dice al camarero:
—Oiga, ¿podría freír un poco más el pollo? ¡Es que se está comiendo mi ensalada!

Un turista que viaja por el Polo Norte ve un helado encima de una silla y le pregunta a su amigo:
—Curioso, ¿no? ¿Qué hace un helado en el Polo Norte?
El otro, tranquilamente, le contesta:
—Estará de vacaciones.

\# \# \#

Una mujer llama desde la habitación del hotel a la recepción, porque ha pedido un albornoz y todavía no se lo han subido:
—Hola, les llamo por el albornoz.
Y desde recepción le contestan:
—Caramba, ¡pues se escucha muy bien!

\# \# \#

Un matrimonio de turistas está delante de la fábrica de coches Ford, en Estados Unidos, y la mujer le dice al marido:
—¡Lo rico que se ha hecho Henry Ford con esto de los coches!
Y el marido contesta:
—Pues anda que su hermano Roque, con los quesos...

Un caníbal va al brujo de la tribu y le dice:
—No me encuentro bien.
Y el brujo le pregunta:
—¿Qué has comido?
—A un turista tartamudo. Y se me repite mucho.

Dos turistas están delante de las cataratas del Niágara cuando uno le dice al otro:
—Mi tío murió de cataratas.
—¿Ah sí? —pregunta el amigo—. ¿Le operaron?
—No, lo empujaron.

Un turista entra en un bar y pregunta:
—¿Cuánto cuesta un vaso de agua?
—Nada —contesta el camarero—. Es gratis.
—Pues póngame dos. Uno para mi y otro para usted,
que le invito.

# # #

Una turista norteamericana está de vacaciones en
México cuando llegan unos ladrones e intentan
robarle. Justo en ese momento llega El Zorro, la salva
y deja su Z marcada en la ropa de los ladrones. La
turista, contentísima, le grita:
—¡Gracias, Zuperman!

# # #

\# \# \#

En el aeropuerto, padre e hijo esperan a que llegue
su avión cuando de repente el hijo se quita el reloj y
empieza a darle patadas.
—¿Qué haces? —le pregunta el padre.
—Matar el tiempo —contesta el hijo.

\# \# \#

Un niño entra en una tienda de ropa de viaje y
pregunta al dependiente:
—Quiero ir de vacaciones a la montaña. ¿Tienen
abrigos de camuflaje?
Y el vendedor contesta:
—Sí, pero están tan bien hechos que no los encontramos.

Un indio de América viaja hasta la capital de su estado, entra en el Registro Civil y le dice al encargado:

—Quiero cambiarme de nombre, porque el mío es demasiado largo.

—Muy bien —dice el encargado—. ¿Cómo se llama ahora?

—Gran nube gris que lleva mensaje por el mundo —contesta el indio.

—¿Y cómo quiere llamarse?

Y el indio contesta:

—SMS.

# # #

***

Un niño está de vacaciones en Praga, se acerca a un bar y, como no sabe hablar en checo, dice:

—Una *Egqwfgebxcbrhsfeurhhuwefcssdsvfvsf* de Coca-Cola.

Y el vendedor le contesta:

—¿Una lata de qué?

***

Un viajero está esperando en la parada a que llegue su autocar hacia París. Entonces aparece una mujer y le pregunta:

—Perdone, ¿pasa por aquí el 24?

Y el viajero consulta su agenda y le contesta:

—Pues no, el 24 todavía estoy en París.

Una niña muy pija está de viaje por la selva cuando tropieza y se cae al río. En el agua ve a un cocodrilo que se le acerca y empieza a gritar:

—¡Socorro! ¡Socorro! ¡Me persigue un Lacoste!

# # #

Un francés se va de safari y contrata a un guía español. En mitad de la selva ven un tigre y lo primero que hace el guía es echarse a correr:

—¡*Esperra*! ¡*Esperra*! —grita el francés.

—No, no es perra —contesta el guía español—. ¡Es tigre!

#

Un turista ha ido a ver una ópera larguísima y aburridísima en la Scala de Milán y se aburre tanto que se duerme y empieza a roncar. A su lado, otro espectador le despierta y le dice:

—Señor, por favor, no ronque tanto, que despertará a todo el mundo.

De viaje por la sabana africana, el guía le pregunta a un niño:

—¿Tú sabes por qué los leones solo comen carne cruda? Y el niño contesta:

—Claro, porque no saben cocinar.

Un turista de ciudad viaja al campo y le pregunta a un granjero:

—Buenos días, ¿qué está haciendo?

—Echar estiércol a las fresas.

—¿Y no sería mejor echarles un poco de nata?

Un hombre viaja por el desierto y, de repente, se le aparece un genio que le dice:

—Amo mío, ¿qué quieres preguntarme?

El hombre se lo piensa y pregunta:

—Señor genio, ¿qué es para ti un millón de años?

Y el genio contesta:

—Como un segundo.

—¿Y un millón de euros? —vuelve a preguntar el hombre.

—Como un céntimo.

—Entonces —continua el hombre—. Préstame un céntimo.

—Cómo no, amo mío —contesta el genio—. Espérame un segundo.

Un viajero que ha vuelto de vacaciones le cuenta a su amigo lo mal que atienden ahora en los aviones:

—Ayer, en el avión, me tocó al lado de una madre con su bebé. La azafata vino y le dijo: «Señora, veo que su hijo está mojado, ¿quiere que lo cambie?»

—¿Y eso qué tiene de extraño? —pregunta el amigo.

—Pues que cuando la azafata volvió con el bebé, no se lo había cambiado. ¡Era el mismo!

Viajes en familia
(o sin ella)

Los mejores chistes de las vacaciones
con tus padres y hermanos

Dos niños están desayunando cereales en la habitación de un hotel y el mayor le pregunta a su hermano:

—¿Sabes por qué los cereales están tristes?

—No —contesta el hermano—, ¿por qué?

—Porque chocó un niño, un tal Pic.

§ § §

En un viaje organizado, un niño se acerca a otro y le pregunta:

—¿Cómo te llamas?

Y este le contesta:

—Gabriel, pero cuando estornudo me llaman Jesús.

§ § §

De viaje por Japón, un niño le pregunta a su padre:
- ¿Cómo se dice en japonés «no sé nadar»?
- Tokofondo.
Y la hija pregunta:
- ¿Y «sé nadar un poquito»?
- Kasi tokofondo.

§ § §

Dando un paseo turístico con la familia, un niño ve a un gato y le pregunta a su padre:
—Papá, ¿por qué cuando pisas a un gato dice «miau»?
Y el padre contesta:
—Porque no sabe decir tacos.

§ § §

Una familia ha ido de vacaciones a China y, delante de la Gran Muralla, un chino escucha al padre leyendo la guía en voz alta y pregunta:
—*Peldón*, ¿qué es una *lápida*?
Y la hija responde:
—Una china que corre rápido.

Una familia decide subir andando a la Torre de Pisa y cuando llevan ya cien peldaños se cruzan con una mujer embarazada que está bajando. El padre le pregunta:
—¿Falta mucho?
—Tres meses —responde la embarazada.
El padre se gira y les dice a su familia:
—Venga, id bajando que esto está demasiado alto.

§ § §

§ § §

Una familia pasea por un mercadillo árabe y el padre pregunta al vendedor:

—¿Cuánto cuesta la silla?

El árabe, hábil con las lenguas, contesta en castellano:

—Mil *sitisientas*.

Y el padre le pregunta:

—¿Y si no me siento?

§ § §

Una pareja con dos niños viajan en tren, y el hermano menor no para de imitar al hermano mayor:

—Papá —se queja el mayor—, Juan está imitando todo lo que hago.

—Juan —dice el padre—, deja de hacer el tonto.

De viaje por un mercadillo africano, un vendedor quiere cobrarles mucho dinero por una pequeña estatua de madera y el hijo le pregunta al padre:

—Papá, ¿cómo se dice en africano que no estoy de acuerdo?

Y el padre contesta:

—M'opongo

§ § §

§ § §

De viaje con su familia a la catedral de León, una niña
que no ha entrado nunca en una iglesia, oye que la
gente reza el Padre Nuestro y le pregunta a su hermana:
—Yolanda, ¿por qué en vez de pedir el pan nuestro de
cada día no piden pan para una semana?
Y la hermana contesta:
—Supongo que para que no se ponga duro.

§ § §

Entran dos hermanos a un hotel, y uno le dice al otro:
—¡Cuidado con la puerta giratoria!
—¿Qué puerta girato...girato...girato...?

Una familia de turistas visita una gran feria y ven un cartel donde pone: «Dos películas de estreno. Entrada gratis». Contentísimos, deciden entrar, ven las dos películas y al salir en encargado les dice:
—Son 40 euros.
—¿Cómo? —contesta el padre—. ¡Ponía que la entrada era gratis!
—La entrada sí —contesta el encargado—, pero la salida, no.

§ § §

Una familia está saliendo del museo de El Prado. Los niños salen cansados hartos de tanto cuadro. La madre les pregunta a sus hijos:
–¿Qué cuadro os ha gustado más?
Y uno de los hijos responde:
–Ese que ponía: «SALIDA».

MUSEO DEL PRADO SALIDA

§ § §

Una familia está delante de una tienda de recuerdos
turísticos en la Quinta Avenida de Nueva York y el hijo
no para de repetir:

—Papá, cómprame una gorra. Va, papá, por favor,
cómprame una gorra. Cómprame una gorra, venga,
hombre, una gorra. Una gorra. Cómprame una gorra.
¿Me compras una gorra?

Al cabo de diez minutos así, el padre, harto, le dice a
su hijo:

—Basta ya, Carlitos, como vuelvas a mencionar la
gorra te doy un sopapo que te arranco la cabeza.

Y el hijo responde:

—Sí claro, para que no me pueda poner la gorra, ¿no?

Un niño inglés está de vacaciones con sus primos y tíos españoles y deciden hacer una excursión por la montaña. Al cabo de un rato se ven obligados a pasar un río. Pasan los padres y ningún problema. Pasa el hijo español y ningún problema. Pasa el sobrino inglés, resbala y se cae, gritando:
—*Help! Help!*
Entonces, su primo le dice:
—Gel no tengo, pero si quieres un poco de champú…

§ § §

§ § §

Una familia está de vacaciones en Tarragona y ha decidido visitar unas ruinas romanas. Durante la visita el hijo se cae y se hace daño, y la madre llama por teléfono al hospital:
—Buenos días, ¿es el hospital infantil?
Y le responden:
—Chíiii.

§ § §

Un matrimonio que nunca ha viajado llega por fin a la casita que han alquilado y después de descargar el coche, la mujer entra en el comedor y le dice al marido:
—¿Se puede saber por qué has comprado cinco teles?
Y el marido contesta:
—Para ver Tele 5.

Una niña está con sus padres de viaje por el Polo Norte y tiene mucho frío. Consulta el termómetro y después de pensar un poco, le pregunta a su madre:

—Mama, ¿sabes en qué se parece un termómetro a un profesor?

—¿En qué, hija? —pregunta la madre.

—En que cuando marcan cero, todo el mundo tirita.

§ § §

§ § §

Una niña pasea con sus padres por las calles de
Londres y les pregunta a sus padres:
—¿Qué significa «Why» en inglés?
Su madre le contesta:
—¿Por qué?
Y la niña le dice:
—Por nada. Para saberlo.

§ § §

Un padre pregunta a su hijo durante su viaje a Egipto:
—¿Sabes qué piedras abundan en el río Nilo?
—Las piedras mojadas —responde el chico.

Una familia llega al hotel y, cuando están a punto de abrir la puerta de la habitación, el padre dice:
—Vaya, he perdido el juego de llaves.
Y el hijo contesta:
—Tranqui, papá, lo importante es participar.

§ § §

De viaje por Rusia, una niña le enseña el índice a su padre y le pregunta:
—¿Sabes por qué aquí, en Rusia, no utilizan este dedo?
—No, ¿por qué?
—Porque este dedo es mío.

§ § §

Un matrimonio, enseña a sus hijos el álbum de fotografías de sus vacaciones de verano:
-Aquí estamos en la cola saliendo de la ciudad, aquí en la cola del peaje, aquí en la cola para llegar a la playa, aquí en la cola del parque de atracciones...

§ § §

Padre e hija están en el piso sesenta de un hotel de Nueva York, y la hija le pregunta al padre:
—Papá, ¿qué diferencia hay entre saltar del primer piso y del piso sesenta?
—No sé, hija, ¿cuál?
—Que si saltas del piso sesenta suena: «¡aaaaaaaah, pum!». Y si saltas del primero, suena: «¡pum, aaaaayyyyy!».

§ § §

Un hermano le pregunta al otro:
—¿Tú qué haces por la mañana, cuando sale el sol?
—Sombra —responde este.

Una familia llega a la habitación de un hotel y el hijo inspecciona el baño, la habitación, el vestíbulo y cuando llega al balcón grita:

—¡Mamaaaá, el balcón no tiene barandillaaaaaaaaaaaaaaaaaaaa!

§ § §

Una niña acaba de salir de la atracción de Pinocho en Eurodisney y les pregunta a sus padres:

—Mamá, papá, ¿cómo se llama el hermano mayor de Pinocho?

—Pinueve —contesta el padre.

§ § §

§ § §

Una familia pasea por los alrededores de la Estatua de la Libertad en Nueva York, y el hermano mayor le dice al pequeño:
—¿Cómo? ¿No sabías que Colón descubrió América?
Y el hermano menor contesta:
—No sabía ni que estaba perdida...

§ § §

En una gasolinera de Estados Unidos, una niña le grita a su padre:
—¡Papá, papá, un huracán se está llevando nuestro coche!
—Imposible hija —dice el padre mientras sale del lavabo de la gasolinera—, yo tengo las llaves.

Una familia de chinos se va de vacaciones a los
Estados Unidos y compran un par de perritos calientes
para sus hijos. Uno de ellos se queda mirando su
bocadillo con cara de asco y le pregunta al hermano:
—Oye, ¿a ti que parte del perro te han dado?

§ § §

Caminando por un sendero de montaña, un padre le
dice a sus hijos:
—Juan, Pedro, cuidado con el lodo.
—¿Qué es un lodo? —pregunta Juan.
—Un pájado vede —contesta Pedro.

§ § §

Padre, madre e hija están en lo alto de la torre Eiffel, en París, y la hija le pregunta a la madre:
—Mamá, si me cayera desde aquí, ¿tú lo sentirías?
Y la madre contesta:
—Claro que lo sentiría, hija. No estoy sorda.

§ § §

Un niño llega a su casa después de ver una película en el cine del pueblo, y su padre le pregunta:
—¿Te ha gustado la película?
Y el niño le contesta:
—Era tan mala que, al final, en vez de poner «fin», ponía «por fin».

§ § §

Un niño de diez años está paseando con su padre por un camino de montaña y le dice:
—Papá, con diez años tengo iPhone, portátil, iPad, iPod, Facebook, Twitter y Tuenti. Tú, a los diez años, ¿qué tenías?
—¿Yo? —contesta el padre—. Diez años.

Una niña visita con sus padres el zoológico de París, y les pregunta:
—Papá, mamá ¿a que no sabéis cuántos animales subió Moisés en el Arca?
—Pues, exactamente, no —dice papá.
—Dos de cada especie, ¿no, cariño? —dice mamá.
Y la niña les dice:
—No subió ninguno, porque el de el Arca no era Moisés, sino Noé.

§ § §

En medio del mar; el Titanic ya está casi hundido y en la proa, que todavía se mantiene a flote, padre; madre e hijo esperan resignados a que se hunda, y la madre dice:
–¿Sabéis qué es lo bueno de esto?
–¿Qué? –preguntan padre e hijo.
–Que nos van a dar 11 Oscar de Hollywood.

TITANIC

§ § §

En un crucero familiar, una niña le dice a su padre:
—¡Papá, papá, mira, un delfín a la derecha!
—No se dice así——dice el padre—, se dice «estribor».
Y la niña contesta:
—¡Un estribor a la derecha!

§ § §

La primera noche de vacaciones en el pueblo, un niño grita:
—¡MAMÁ! ¡CORRE VEN! ¡CORREEEEEE! ¡MAMÁ, POR FAVOR! ¡VEEEEEEEEEEEN!
—¿Qué pasa? —pregunta la madre, asustada.
—Nada —dice el niño—, ¿puedes apagar la luz, por favor?

Un matrimonio y su hijo han viajado hasta las montañas y mientras pasean el padre dice:
—Fíjate bien, hijo. La naturaleza es bella y sabia.
Justo en ese momento pasa un pájaro volando y deja caer un sucio regalito sobre la cabeza del padre.
—¿Qué? —pregunta el hijo—. ¿Todavía crees que la naturaleza es bella y sabia?
—Claro —dice el padre—. Por eso no ha dado alas a las vacas.

§ § §

Un hombre llega corriendo a la farmacia justo cuando están cerrando para marchar de viaje en familia.
—¿Qué quería? —pregunta el farmacéutico.
—Solo quería algo para sudar —contesta el hombre.
—Perfecto. Coja cuatro maletas y acompáñenos hasta la estación.

§ § §

Una familia llega a un viejo hotel donde van a pasar una semana de vacaciones y el hijo le dice a su madre:
—Este hotel me recuerda a la camisa vieja de papá.
—¿Por qué? —pregunta la madre.
—Porque no tiene botones.

§ § §

De vacaciones en la nieve, un niño pequeño le pregunta a su madre:
—¿En qué mano va este guante?
—En la derecha —contesta la madre.
Pero el niño vuelve a preguntar:
—¿Y el otro?

Una abuelita ha ido con su nieto de vacaciones a la gran ciudad. Cuando pasan por un gran edificio, la abuela dice a su nieto que tiene que tocar el timbre de un interfono:

—Por favor, Carlitos, ayúdame a tocar el timbre, que no llego.

—Claro, abuela —dice el nieto, y toca el timbre—. ¿Y ahora qué?

Y la abuela dice:

—Ahora, ¡a correr!

§ § §

§ § §

Juanito acaba de llegar al hotel donde van a pasar las vacaciones de verano y de repente llaman a la puerta:
—Juanito —dice la madre—, alguien está golpeando la puerta.
Y Juanito, desde el sofá, contesta:
—Pues que se defienda sola, que es muy grande.

§ § §

Toda la familia hace un safari por el Senegal cuando uno de las hijas le pregunta a su madre:
—Mamá, ¿porqué el guía me llama todo el rato Shakira?
Y la madre contesta, cantando:
—¡Porque esto es África!

Como cada año, la familia Pérez se va de vacaciones al pueblo de los abuelos. Cuando hace más de una hora que han llegado, la madre busca desesperadamente a su hijo y no lo encuentra. Todo el pueblo empieza a buscarlo. Tres horas después, la madre abre la nevera de la casa de los abuelos y encuentra a su hijo:

—¡Pero bueno! ¡Todo el mundo te está buscando! ¿Se puede saber qué haces dentro de la nevera?

Y el niño contesta:

—Es que papá me ha dicho que soy la leche.

§ § §

§ § §

Una pareja se va de acampada sin sus cuatro hijos,
llegan a su destino y la mujer le dice a su marido:
—Cariño, este paisaje es maravilloso. Me deja sin palabras.
Y el marido responde:
—¿Te deja sin palabras? Perfecto, acamparemos aquí.

§ § §

Una familia está haciendo una excursión por la
montaña y el hijo pregunta a sus padres:
—¿Los pedos pesan?
—Claro que no —contestan sus padres.
Y el niño dice:
—Entonces me he hecho caca.

María está de vacaciones en Japón con todos sus primos. El segundo día del viaje se encuentra un poco mal y le pregunta a su prima:

—Creo que estoy resfriada. ¿A qué médico podríamos ir, aquí en Japón?

—Fácil —contesta la prima—, al doctor Yosi Tesako Mokos.

§ § §

Por las calles de París, una madre y su hija hacen turismo, pasan por delante de un cine y la hija pregunta:

—Mamá, ¿has visto *El Señor de los anillos*?

—Sí —contesta la madre—, pero no le pienso comprar ni uno.

§ § §

§ § §

La madre de Pepito está embarazada de ocho meses y la familia ha decidido que se irán de vacaciones a algún lugar cercano. Por el camino, la madre se da cuenta de que el bebé está a punto de nacer, y se dirigen al hospital más cercano. Una vez allí, el niño nace sin problemas y el padre y la madre se pasan horas pensando qué nombre le van a poner. Pepito se limita a escuchar y no dice nada. Finalmente, al cabo de dos días, los padres se ponen de acuerdo con el nombre de su segundo hijo y Pepito les dice:

—Estupendo. Aunque yo había pensado algo así como Mejoro.

—¿Mejoro? —preguntan a la vez el padre y la madre—. ¿Qué nombre es ese?

—Viene de *Mejorobastelasvacaciones*.

§ § §

Pablito y su familia están mirando los álbumes familiares en el pueblo de sus abuelos y él le pregunta a su madre, señalando una foto:

—Mamá, ¿quién es este que está a tu lado?

—Es papá, hace doce años —contesta la madre.

—Entonces —dice Pablito—, ¿quién es el calvo que vive con nosotros?

Índice

¡Escribe tus propios chistes!

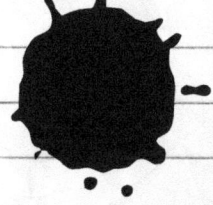

Chistes sobre viajes

Chistes sobre dormir fuera de casa

Chistes sobre hacer nuevos amigos

Chistes de monitores y monitoras

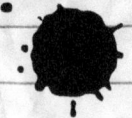

¡Prepárate para troncharte de risa!

Y si todavía quieres más...